CONSEILS

DONNÉS

Par M. C. GAZAY,

DENTISTE.

M. CHARLES GAZAY a l'honneur de prévenir les habitants de cette ville, qu'il offre le secours de son art aux personnes qui voudront bien lui accorder leur confiance.

La formation et le développement des dents sont l'ouvrage de la nature, il est vrai; mais combien celle-ci est insuffisante parfois, et combien alors l'art d'un dentiste habile contribue à leur conservation et à leur beauté. En effet, est-il rien de plus dégoûtant qu'une bouche négligée, avec des gencives sanguinolantes et des dents cariées, recouvertes

1849

d'une couche de tartre de diverses cou-
leurs, qui laissent exaler une odeur re-
poussante ? Cependant on peut éviter ces
inconvénients en ayant recours aux den-
tistes, qui, par leurs soins, remédie-
raient à tous les désagréments ; et surtout on ne saurait trop recommander aux
pères et aux mères de famille la bouche
de leurs enfants ; car souvent la seconde
éruption des dents, s'opérant très-mal
chez eux, donne lieu à des inconvéniens si graves, que les connaissances
les plus exercées peuvent à peine les dé-
truire.

M. GAZAY a l'honneur de prévenir
les personnes qui auraient besoin de son
ministère, qu'il nettoie les dents et les
rend aussi blanches que l'albâtre ; en
pose des artificielles qui font le même
usage que les dents naturelles ; les cau-
térise, les sépare les égalise. Il est pos-
sesseur d'un élixir qui à la propriété de

calmer les douleurs des dens les plus violentes, et de neutralisèr ou chasser l'odeur fétide de la bouche. On trouvera également chez lui des poudres et des liqueurs propres à entretenir la bouche dans un état parfait de salubrité et de santé.

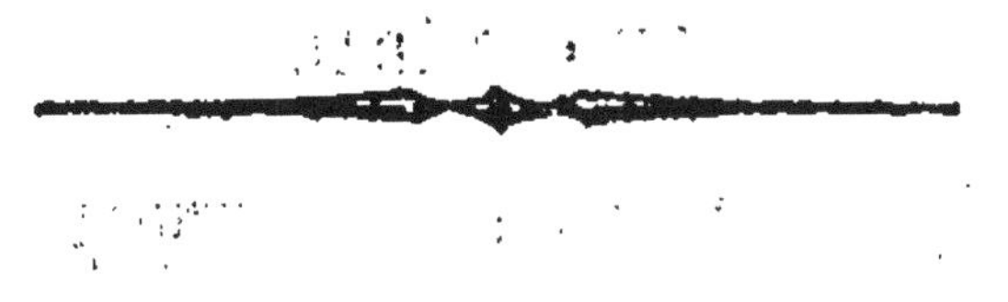

DES SOINS
QUE L'ON DOIT APPORTER

EN GÉNÉRAL
AUX GENCIVES.

Indépendamment des soins journaliers qu'il faut donner aux dents, il en est encore de généraux auxquels il faut s'assujétir, lorsque les gencives ne sont pas en bon état; et nous en avons déjà fait sentir toute l'importance, en parlant des affections de ces divers organes en particulier. Ces soins généraux se bornent, lorsque les gencives sont molles, blafardes ou saignantes, à animer l'eau donton se sert le matin avec une liqueur spiritueuse, légèrement aromatisée. De simples frictions faites avec une brosse douce suffiront pour redonner du ton aux parties, si l'état de débilité des gencives était purement local; si leur mollesse dépendait, au contraire, d'une affection générale, on conçoit qu'il faudrait avoir recours à un traitement interne; et c'est alors que l'usage des toniques convenablement indiqués est indispensable pour rendre l'énergie à tout l'organisme.

PRÉCEPTES GÉNÉRAUX

POUR

LA CONSERVATION DES DENTS.

En outre des soins hygièniques que nécessitent les gencives et les dents, il est encore certaines précautions à prendre pour conserver la beauté et la bonté de ces organes ; et ces précautions consistent à éviter tout ce qui peut leur être nuisible. On remplira aisément ces indications :

1. En ne fesant point usage de lotions froides pour se laver la tête ; en n'employant aucun répercussif pour faire disparaître les taches du visage, ni aucune pommade pour teindre les cheveux, com-

posées, pour la plupart, de substances métalliques astringentes et caustiques;

2. En ne cassant pas avec les dents des corps trop durs; en ne fesant point en un mot, un tire-bouchon ou un étau des mâchoires, surtout lorsqu'elles sont faibles et que les dents sont longues;

3. En ne brisant pas, comme le font ordinairement les femmes et les enfants, des fils en tout autre lieu avec les incisives, qui peuvent être ébréchées par leur frottement, sans, pour cela, être sujettes à la carie;

4. En ne laissant séjourner aucune substance alimentaire dans les cavités que ces organes pourraient présenter: en se gardant bien de faire abus des substances improprement nommées dentifrices, telles que le corail, la pierre aponce, ou les eaux, élixirs, teintures trop acidulés;

5. En ayant soin de ne pas prendre des aliments ou boissons chauds (*et vice ver-*

sa), le passage subit à ces deux extrêmes étant nuisible aux dents; en se gardant de s'exposer au grand air après avoir fumé (1); car ce n'est pas la fumée de la pipe qui altère les dents, comme on l'a cru pendant longtemps, puisqu'elle n'agit que mécaniquement : mais bien l'air froid, qui, en pénétrant dans la bouche, dont les parois sont dans un état de moiteur, détermine quelquefois une inflammation de la pulpe dentaire, d'où peut résulter une carie qui se développe plus particulièrement sur celles qui ont déjà une tendance à cette maladie.

6. En évitant le séjour des lieux bas et humides ou voisins de quelque lac ou marias. Nous avons en outre, remarqué que les habitants des vallées et ceux qui sont voisins des ports dans lesquels la température change plusieurs fois pen-

____

(1) Ce conseil ne s'adresse qu'aux personnes qui fument très-vite dans des pipes à tuyaux très-courts, ou avec des cigarres.

dant la journée, ont généralement de mauvaises dents.

7. En ne buvant pas en trop grande quantité des eaux minérales, quand on est obligé d'en faire usage, parce que leur emploi journalier, si on ne prend pas alors un soin tout particulier des dents, peut les agacer, les rendre douloureuses, les jaunir ou les faire couvrir d'un enduit noirâtre : en s'abstenant de manger beaucoup de sucreries, ou de choisir pour profession celle dans laquelle on est obligé de manier très-souvent du mercure ou des substances métalliques, qui, réduites en vapeur, peuvent, quoiqu'il en soit, altérer les dents : mais si on ne pouvait se garantir de ces sortes d'inconvéniens, on pourrait prévenir l'altération en les brossant 2 ou 3 fois par jour à grande eau.

J'aurais pu donner plus d'étendue à ces espèces d'indications aphoristhiques, et dire comment les modes, les différens

costumes peuvent s'opposer à la conservation de l'organe dentaire ; mais de sem-
blables considérations, tout en se ratta-
chant à notre sujet, nous auraient entraî-
né beaucoup trop loin.

ELIXIR ODONTALGIQUE (N° 1).

PRENEZ :
Girofle . . . . .
Opium . . . . . } grammes.
Canelle. . . . .
Pirethre . . . . . . 2 gram.
Résine de Gavac. . . 6 gram.
Eau-de-vie à 22 degr. 125 gram.

Mettez à digérer pendant 8 jours et filtrez.

On en met quelques gouttes dans la
bouche qu'on promène sur le côté dou-
loureux et qu'on rejette ensuite quand la
douleur est passée.

Ou on imbibe un peu de coton de cet
Elixir, et on le place adroitement sur
la dent douloureuse.

LIQUEUR PHILODONTIQUE (N° 2).

PRENEZ
Alcool à 35 degrés. . . 125 gram.
Huile essentielle de Mente. 3 gram.
dito de Néroly. . . 2 gram.
dito de Canelle. . 1 gram.
Esprit d'Ambre musqué.
rosé . . . . . 10 décig.
Teinture de Cochenille. gram..

On filtre cette liqueur, et au moment de la mettre dans des flacons, on ajoute Ether sulphurique, 2 grammes.—Les personnes qui prennent un soin particulier de leurs dents, aiment beaucoup à se servir de cette préparation, qui laisse dans la bouche un parfum très-agréable.—On en verse 8 à 10 gouttes dans le tiers d'un verre d'eau, l'on y trempe une brosse avec laquelle on se frotte les dents et les gencives. Elle dissipe la mauvaise odeur de la bouche, rétablit ou entretient la fermeté des gencives, prévient la carie des dents, et si l'on s'en sert convenablement, elle arrête les progrès de cette maladie.

POUDRE DENTIFRICE.

PRENEZ:

Magnésie anglaise. . .	32 gram.
Crême de Tartre. . . .	32 gram,
Sulfate de Quinine. . .	2 gram.
Cochenille	3 gram.
Huil essen. de Mente. .	2 gram.
Dito de Canelle id. . .	1 gram.
Dito de Nérolly	10 décig.
Espt. d'ambre musqué. .	10 décig.

(12)

Mêlez exactement, et faites réduire en une poudre impalpable.

Cette poudre a le grand avantage de nettoyer parfaitement les dents, sans en altérer l'émail; elle fortifie les gencives, les colore d'un beau rose, et donne à la couche une fraîcheur agréable. Comme elle est un peu soluble, il faut avoir soin, lorsqu'on en prend avec la brosse dans la boîte, de ne pas trop humecter le reste.

Il est, en outre, nécessaire de la conserver dans un endroit bien sec. On peut, sans inconvénient, s'en frotter les dents et les gencives 2 ou 3 fois par semaine, et même, au besoin, tous les jours. Nous ferons observer, néanmoins, qu'il suffit, pour les jeunes gens de 12 à 18 ans, de s'en servir une fois tous les jours.

Mende, Imp. de L. GEORGE.